YABAN KISAR SESİMİZİ

GARİP YILDIRIM

karahan yayınları : 54
birinci baskı : mayıs - 2007

eser : yaban kısar sesimizi
yazar : Garip Yıldırım
yayıncı : seyfi karahan
kapak tasarım : art ajans
mizanpaj : sinemis
ISBN : 978-975-6447-50-5

Baskı : baran ofset
Tel : 0312.3676692

Şair İle İletişim Tel: 00499131501284

Merkez: Çakmak cad. çakmak plaza no:40/43
Seyhan-Adana
tel: (0 322) 363 05 84 fax: (0 322) 363 57 79
Şube: B. Angın Bulvarı Muhtarlar Sitesi
No: 69-70-79-80
Tel: 0.322. 225 51 60 fax: 0.322. 225 51 98
Seyhan-Adana

SUNUŞ

Sevgili Garip Bey'in yüreğine sağlık. Gurbet elde vatan hasreti çeken şair duygularını şiirleri ile okuyucuya yansıtmış. Her biri ayrı bir hasreti, sevgiyi anlatmakta.

Garip Bey şiirlerini sadece yurdum insanı için yazmamış, aynı zamanda şiirlerinin Almanca'larınıda yazmış. Alman'larla da duygularını paylaşmak istemiş.

Yüreğine kalemine sağlık Garip Yıldırım daha ne kadar yaban kısacak sesinizi yeni çalışmalarınızda göreceğiz....

İsmet KARAHAN

İÇİNDEKİLER

Bir Gerçek.. 2
Erkenntnıs 3
Bizim Bakkal (Merhaba).. 4
Unser Laden (Merhaba) 5
Mutluluk... 6
Glück.. 7
Serpil.. 8
Serpil.. 11
Ben Gibi... 14
Wie İch... 15
Oma.. 16
Oma.. 18
Yaban Kısar Sesimizi... 20
Die Fremde Dämpft Unseren Schrei........................ 21
Şairler... 22
Dichter 23
Seherin İstediği 24
"Tut Elimi" 24
Halte Meine Hand 25
(Sehers Bitte An İhren Mann) 25
Oğlumuz Ümran 26
Unser Sohn Ümran... 27
Şehirliler El Öpmez 28
Die Städter Küssen Nicht Die Hand 30
Sesim Şiirde Saklı.. 34
Meine Stimme İst İm Gedicht Verborgen................ 36
Kapı Gıcırtısı.. 38
Das Knarren Der Türe.. 39
Kahve... 42
Der Kaffee.. 43
Bizim Tablo 44
Sucht Uns Nicht!.. 45

iii

Yaşlı İnsan	46
Der Alte Mann	47
Bir Bilseniz	48
Wenn Ihr Nur Wüsstet!	49
Akdeniz Çiçeği	50
Blume Des Mittelmeers	51
Seher'İn Gözleri	52
Die Augen Meiner Frau Seher	54
Garip: Annemin Hıkayesi	56
Olmasa	60
Wenn	61
Ben Sizi Çok Seviyorum	62
Ich Liebe Euch Sehr	64
Ellerim	66
Meine Hände	67
Eskisi Gibi	68
Wie Damals	70
Yasam	72
Das Leben	73
Yiğenlerim Cihan Ve Beyza'ya	74
An Meinen Neffen Cihan	75
Und Meine Nichte Beyza	75
Tanrısal	76
Göttlich	77
Yasalara	80
Den Gesetzen	81
Pamuk Olur Demır Eller	82
Zu Watte Werden Eiserne Hände	83
Kime Ne Düştü	84
Geschenk	85
Gelişi Güzel Gelmedik	88
Einwanderer	89
Son Silaha Yenildim	90
Die Letzte Waffe	91

Çocuklugum	92
Meine Kindheit	93
Çocuklar	94
Kinder	95
Yaban Mektubu	96
Briefe İn Die Heimat	97
Bizim Bakkal	98
Der Eigene Laden	99
Sarı Öküz	102
Der Braune Ochse	104

BİR GERÇEK

Dün bütün gün
Şehri gezdim.
Oynayan çocuklar,
Kolkola gençler gördüm.

Çocukluğumdan bir yol geçtim
Gençlere özendim.

Karım kolumda
Şöyle şehri boydan boya
Dura yürüye dolaştım
Vitrinlerde damatlık elbiseler
Gelinlikler gördüm.

Karar verdik, neredeyse alacaktık
Kendimizi aynalarda görmeseydik

ERKENNTNIS

Gestern ging ich
den ganzen Tag durch die Stadt.
Ich sah spielende Kinder
und junge Paare Arm in Arm.

Ich wanderte in meiner Kindheit,
beneidete das junge Paar.

Arm in Arm mit meiner Frau
bummelte ich durch die ganze Stadt.
In den Schaufenstern sah ich
Hochzeitsanzüge und Brautkleider.

Wir wollten sie beinahe kaufen –
bis wir uns im Spiegel sahen...

BİZİM BAKKAL (MERHABA)

İçeri girerken
Kapıyı çalmanız gerekmez.
Mutlaka tebessümle
Karşılanırsınız.
Tanış olmasak bile
Anlaşırız:
İstediğinizi
Alır gidersiniz.

UNSER LADEN (MERHABA)

Sie brauchen nicht anzuklopfen,
wenn Sie eintreten.

Immer werden Sie
mit einem Lächeln empfangen.

Auch wenn wir uns nicht gut kennen,
werden wir uns verstehen:

Sie werden bekommen,
was Sie wollen.

MUTLULUK

Nasıl da mutlu eder beni
Senin dilinde
Adım
"Garibim"
Söylerse Seher söyler,
Allı gelinim.

GLÜCK

Wie glücklich
macht mich doch
mein Name,
"mein Garip"
aus deinem Munde.

So spricht Seher nur!
Meine Braut in Rot...

SERPİL

Serpil yatmadan
Ameliyat masasına
İki can bir can olup.
Sabahın aydınlığında
Güneş kızıllığına kavuşmadan
Koştular Serpil'in yanına
Küçük narin kadın
Çekerek boynunu

Omuzlarının arasına
Hastane koridorlarına yürürken
Daha da küçülmüştü sanki
Vardığında Serpil'in yanına
Ak sakallı adamın
Sakalları daha da beyazdı sanki.
Serpil soluk, mavi pijaması
Titreyen elleri, gözleri tedirgin,
Sararmış yüzü ile
Koridorda sıra bekliyor.
Küçük ince, narin kadın
Sarılıyor
Yanaklarından öpüyor
Ak sakallı adam
Sıvazlarken ak sakallarını
Bir boşluğa sığınmanın
Boşluğunu yaşıyordu.
Serpil'e titreyen sesi ile
Cesaret veriyor
Ve orayı terk ediyordu.
Hoşçakal demek kolay mı?
Serpil'e sarılıyor, zorlanıyor.

Koridorları çıkarken
Gözleri doluyor
Kayboluyor koridorlarda,
Çıkış kapısını birinden soruyor...

Dışarıda hava güneşli.
Bıçak gibi
Keskin bir soğuk.
Serpil bıçak altında.
Bir delikanlı ellerini arıyor
Elleri cebinde kapıda bekliyor
Bir delikanlı yüreği ellerinde
Elleri titriyor
Düşürdü düşürecek yüreğini.
Delikanlı kapıda
Kulak kesilmiş,
Bir ses, fısıltı...
Bir delikanlı
Kocaman gözleri, açık
Kapının koluna hipnotize olmuş
Bulacak ellerini,
Düşürmeyecek, yüreğini
Yerine koyacak.

Serpil bıçak altında,
Hava güneşli ve soğuk,
Saat on iki
Kilisenin çanı duyuluyor.
Anadolu'da bir yerde
Ezan okunuyor.
Küçük ince narin kadın
Tanrıyla başbaşa,...

Kulağı telefonda
Gözleri yolda.
Elleri işte, sakin, sessiz
Dudakları duada...
Ak sakallı adam
İki eli ile sakalını
Sıvazlıyor ve kaygılı
Bir ibadet ile
Uzaklaşıyor
Sevinçleri paylaşmak istiyor
Bir türlü olmuyor...

Henüz bir haber yok...
Baygın mı, dolaşıyor mu?
Cesaretini buldu, gülüyor mu?
...

SERPİL

Bevor Serpil auf dem Operationstisch lag,
wurden zwei Herzen zu einem.
Bevor die Sonne ihren Morgen erreichte,
rannten sie zu Serpil.

Die kleine, zarte Frau,
die ihren Hals zwischen ihre Schultern zog,
schien noch kleiner zu sein.

Als der graubärtige Mann Serpil erreichte,
schien sein Bart noch grauer zu sein.

Serpil, mit ihrem verblassten Pyjama,
zitternden Händen,
unruhigen Augen,
ihrem so blassen Gesicht,
stand in der Warteschlange
im Korridor.

Die dünne, kleine, zarte Frau
umarmte sie und küsste ihre Wangen.

Der graubärtige Mann,
als er über seinen Bart strich,
fühlte sich,
als würde er ins Leere fallen.
Mit seiner zitternden Stimme
gab er Serpil Mut –
und ging fort.

Ist es so einfach, "auf Wiedersehen" zu sagen?

Er umarmte Serpil, verwirrt,
verlief sich in den Korridoren,
musste nach dem Ausgang fragen.

Draußen ist Sonnenschein,
beißende Kälte –
Serpil liegt unterm Messer.

Ein junger Mann sucht nach ihren Händen.
Die Hände in seinen Hosentaschen
wartet er an der Tür,
ein junger Mann,
sein Herz in seinen Händen...

Seine Hände zittern,
wird er sein Herz fallen lassen?

Der junge Mann an der Tür
lauscht gespannt auf jedes Flüstern, jeden Laut...
ein junger Mann mit weit aufgerissenen Augen...

An der offenen Tür angelehnt,
wie hypnotisiert...

Er wird ihre Hände finden,
wird sein Herz nicht verlieren,
wird es wieder platzieren.

Serpil unterm Messer,
das Wetter sonnig und kalt,

die Kirchenglocken läuten,
in Anatolien irgendwo
wird zum Gebet gerufen.
Die kleine, dünne, zarte Frau ist mit Gott allein.

Sein Ohr am Telefon,
seine Augen auf dem Weg,
seine Hände am Arbeiten, äußerlich ruhig,
seine Lippen beten...

Der graubärtige Mann streicht mit beiden Händen
über seinen Bart
und mit sorgenvollen Gebeten
geht er weit fort.

Er will die Freude teilen,
aber es ist nicht möglich...

Noch hat er keine Nachricht bekommen...
ist sie noch bewusstlos, läuft sie schon herum?
Hat sie der Mut eingeholt, so dass sie wieder lacht?...

BEN GİBİ

Attım ateşe
Dizelerimi
Kor gibi dudaklarımdan
Dökülen
Parça parça
Yüreğimden
Meğer
Nasıl yanmışım
Sana
Dizelerim yandı
Ben gibi
Anlasana

WİE İCH

Meine Verse warf ich ins Feuer,
die wie eine Glut
von meinen Lippen fallen –
und Brocken für Brocken
von meinem Herzen.
Wie sehr entbrenne ich doch für dich.
Meine Verse brannten wie ich –
versteh mich doch.

OMA

Ne hısım akraba,
Ne dal,
Ne budak.
Bu bir adak
Oma'mıza adadık.

On yedi yıl
Mezarını suladık.
Oma'nın iyiliğinden
Gönül pınarımız
Üzerinde olacak.

Şimdi onun evinde,
Onun bahçesindeyiz.
Ne yana bakarsak
Onu görürüz,
Ne yana gidersek
Yanımızda oma.

Odasını kitaplarla besledik,
Bahçesini çiçeklerle süsledik.
Her köşede papatyalar gözler bizi.
Nasıl da severiz
Oma'nın gözleri diyerek.

Bazen bir kuş
Saatlerce dil döker,
Bazen bir arı
Konar Bektaşi çiçeklerine
Ve bazen bir kelebek;
Yumuşak bir rüzgar
Alır götürür onu.

Sonra
Tante Ruth gelir yanımıza.
Oma' dan armağan.
Bilseniz nasıl insan;
Kısacası
İnsanoğlu insan.

OMA

Weder nah noch fern
verwandt,
kein Ast
und auch kein Zweig.

Dies ist ein Gelübde
für unsere Oma:

Siebzehn Jahre
pflegten wir ihr Grab.
Wegen ihrer Güte
wird unser Herz
immer bei ihr sein.

Jetzt leben wir in ihrem Haus,
in ihrem Garten.
Wohin wir auch sehen,
Oma ist immer da.
Wohin wir auch gehen,
Oma ist immer bei uns.

Wir haben ihr Zimmer mit Büchern,
ihren Garten mit Blumen geschmückt.

Von allen Seiten
beobachten uns die Gänseblümchen,
die wir so lieben
wie Omas Augen.

Manchmal singt ein Vogel stundenlang,
manchmal sitzt eine Biene
auf ihrem Rhododendron,
manchmal ein Schmetterling,
den ein Windhauch dann fortweht.

Dann besucht uns Tante Ruth,
Omas Geschenk an uns.
Was für ein Mensch!
Kurz:
Eine Seele von einem Menschen...

YABAN KISAR SESİMİZİ

Zehir zıkkım içtiğimiz gülüm
Uzaklara kaldırırız kadehlerimizi
Bazen şerefe bazen prost,
Prost diyerek,

Eğlence mi sanırsınız
Naralarımızı?
Bazen birden bağırırız
İçimizde tutamayız acılarımızı.

Şikayet değil,
Arabesk de değil,
Ellerimizle yazmışız
Alnımızın ortasına yazımızı.

Ooof anam of diye bağırsak,
Yabandayız,
Yaban kısar sesimizi...

DİE FREMDE DÄMPFT UNSEREN SCHREİ

Bitteres Gift trinken wir,
meine Liebste.
In die Ferne heben wir unser Glas,
mal "serefe" mal "prost" rufend,

Glaubt Ihr,
unsere Schreie sind aus Freude?
Manchmal schreien wir plötzlich auf,
können den Schmerz nicht ertragen.

Es ist keine Klage,
keine Arabeske.
Unser Schicksal haben wir
mit eigner Hand geschrieben,
mitten auf unsere Stirn.

Schreien wir "ooof anam of"!
Wir sind in der Fremde:
Die Fremde dämpft unseren Schrei...

ŞAİRLER

İşte biz şairler böyleyiz
Birdenbire seviveririz birini...
Salıveririz yüreğimizin yanına
İçimizde bebek gibi besleriz,

Üçüz doğar
Beşiz doğar
Sevinç
Gözyaşı doğar,

Saklarız ak kağıtlara...
Darılsa, çekip gitse,
Düşüp yollara,

Yıllar sonra mutlaka
Karşılaşır selamlaşırız,
Girmiştir kitaplara.

DICHTER

So sind wir Dichter:
Plötzlich lieben wir einen,
lassen ihn an unser Herz,
pflegen ihn in uns
wie ein kleines Kind.

Es werden Drillinge,
Fünflinge,
es wird Freude –
und Tränen.

Wir verbergen ihn
in weißen Blättern,
wenn er beleidigt ist
und uns verlässt.

Bestimmt begegnen wir uns
nach Jahren
und grüßen uns...
Er wird in den Büchern sein.

SEHERİN İSTEDİĞİ
"TUT ELİMİ"

Tut elimi
Babamın arkadaşı
Tut elimi bırakma
Yüreğimin kardeşi
Sevgilim
Tut elimi bırakma

HALTE MEİNE HAND
(SEHERS BİTTE AN İHREN MANN)

Halte meine Hand,
du Freund meines Vaters.
Halte meine Hand
und lass sie nicht los.
Du Freund meines Herzens,
mein Liebling,
halte meine Hand
und lass sie nicht los.

OĞLUMUZ ÜMRAN

Oğlumuz Ümran
Umulmadık zamanda
Çıktı gitti
"Gideceğim" dedi.
Biz biraz ezik, biraz buruk
"Git" dedik.
Gurbet ustadan öğren yaşamı;
Şimdi altı aylık gurbet çocuğu.
Eskiden öyle miydi
(gece kuşu)

Üç ayda
Üç günlüğüne geliyor
Yanımızdan
Ayrılmıyor
Oğlumuz Ümran

UNSER SOHN ÜMRAN

Unser Sohn Ümran
ging unerwartet fort.
"Ich gehe", sagte er.
"Geh", sagten wir,
bedrückt und geknickt.

Soll dich das Leben lehren,
die Meisterin Fremde.

Du sechs Monate altes
Kind der Fremde,
was warst du doch einst
für ein Nachtschwärmer...

Alle drei Monate
kommt er für drei Tage
und weicht uns nicht von der Seite –
unser Sohn Ümran.

Köyden Şehre Göçen Anneme Mektup
ŞEHİRLİLER EL ÖPMEZ

Sen, ana, sen dört kardeş
Üç bacı anası,
Benim kızıl gülüm,
Yedi verenim.
Sarmaşık gibi
Dört yanına evimizin
Çiçekler ekmiştin bahçesine,
Avluya, tulumbanın dibine,
Susuz kalmasınlar diye.
Bir de asma ağacı
Suyla büyür demiştin.
Şurada oturduğumuz yerde
Uzatsak elimiz üzümde.
Ve kokularını yüzümüze savuran
Güller.
Ya ağaçlar?
Serçelerin çiftleştiği...
Hani sen ağaçları çok severdin;
Her torun için bir fidan diktin.
Yaşamları uzun olsun,
Ağaçlar ölmez derdin.
İlk diktiğin dut fidanıydı
Doğduğu gün Ümit'in.
Koca ağaç olmuştur.
Ümit de fidan gibi delikanlı.
Sonra, ana,
Toprağa ellerimle diktiğim,
Meyvesinden bir tek bile yemediğim
Yeni dünya fidanı.

Nasıl tatlanmıştır sarı sıcakta?
Temmuz ağustos aylarında
Dallarında
Türkülerle çatlayan ağustos böcekleri.
Bir de mavilere sevgi salan
Yeşil beyaz kavaklar.
Bir de kışın yazın yeşil zeytin ağacı.
İnce narin yapraklarıyla
Her an için gölgesinde
Bir cana hasret kalacak.
(Zavallı zeytin ağacı)
Bu kış yapraklarını dökerse şaşma,
Ana, ya senin asman, ana,
Dut ağacı, kavaklar,
Ve zakkum çiçekleri?
Bir de benim yeni dünya?
Ya senin gülün, ana, gülün?
Sahi, ana, oralarda,
Şehirde şarkı söyleyen
Kuş sesi duyuyor musun?
Ya ağaç?
Ağustos böcekleri falan?
Yerde toprakla delen solucanlar
Ve bin bir yere kök salmış naneler,
Dere otları, kırmızı fındık turpu
Ve çimen gibi maydanozlar?
Her bahar senin usta ellerinde
Yetişen bu yeşiller
Bahardan bahara
Ellerini öpmeyi bekleyecekler.
Biliyor musun, ana,
Şehirliler el öpmez.

Brief an meine Mutter nach ihrem Umzug in die Stadt:

DİE STÄDTER KÜSSEN NİCHT DİE HAND

Du, Mutter, eine von vier Geschwistern,
Mutter meiner drei Schwestern,
meine tiefrote Rose
und mein Immergrün...

Wie Efeu hattest du Blumen gepflanzt
in den Garten,
an alle vier Ecken unseres Hauses,
in den Hof, neben der Wasserpumpe,
damit sie nicht austrocknen.

Auch ein Weinstock
würde allein vom Wasser leben.
Ich fühle die Trauben zum Greifen nah
und spüre die Rosen,
deren Duft uns entgegenströmt.

Ja die Bäume,
in denen die Spatzen sich paarten,
du hattest die Bäume so gerne.
Für jedes Enkelkind
hattest du einen Spross gepflanzt.

Lange sollten sie leben,
denn "die Bäume sterben nicht", sagtest du.

Der erste war ein Maulbeerspross
an dem Geburtstag von Ümit.

Vielleicht ist das jetzt ein großer Baum?
Ümit ist schon ein junger Mann, wie ein Spross.
Dann Mutter,
der maltesische Pflaumenbaum,
den ich eigenhändig in die Erde pflanzte,
von dessen Früchten ich noch keine
gekostet habe...
Wie süß werden sie wohl sein,
gereift unter der gelben Sonne.

In den Monaten Juli und August
platzen die Augustkäfer
auf seinen Ästen mit ihren Liedern.

Die weiß-grünen Pappeln,
ihre Liebe...
Dann der Olivenbaum,
Sommer wie Winter grün,
dessen Schatten mit seinen zarten, feinen Blättern
wird immer ein Herz vermissen,
der arme Olivenbaum...

Mutter, wundere dich nicht,
wenn in diesem Winter seine Blätter fallen.

Mutter, dein Weinstock, Mutter,
der Maulbeerbaum, die Pappeln,
die Oleanderblüten
und mein maltesischer Pflaumenbaum...
Ja, und deine Rose, Mutter, deine Rose...

Ach ja, Mutter,
auch in der Stadt hörst du singende Vögel,
Augustkäfer,
und am Boden siehst du Würmer,
die mit Erde spielen,
und verwurzelte Pfefferminze,
Bachsträuche, rote Radieschen
und Petersilie, üppig wie Wiesen.

Unter deinen Händen
gedeiht das Grün
jeden Frühling,
wartet jeden Frühling darauf,
deine Hände zu küssen...

Weißt du, Mutter,
Städter küssen nicht die Hand...

SESİM ŞİİRDE SAKLI

Beni hep sabahları
Hatırlayacaksın.

Neşe içinde şarkılarımı,
Seni uyandırmak için
Saz çalışımı
Duyar gibi olacaksın.

Seher'im kahvemiz
Hazır, gel de içelim deyişim
Kulaklarında çınlayacak...

Beni hep sabahları
Hatırlayacaksın sevgilim.

Geceleri uykun kaçacak,
Kalkıp kahveni sabahları
Kendin yapacaksın.

Bilirim, benimle
Konuşmak isteyeceksin
Ve bir kitap arayacaksın.

Elbette benim kitabım olacak!
Sana yazdığım şiirleri
Belki bininci defa okuyacaksın;
Benimle konuşur gibi.

Haklısın.
Sesim şiirde saklı,
Okudukça duyacaksın.
Sesim ve şiirimle yanındayım,
Sana söz veriyorum,
Yalnız kalmayacaksın...

MEİNE STİMME İST İM GEDİCHT VERBORGEN

Du wirst immer
morgens an mich denken.

Als hörtest du
mein fröhliches Singen
und wie ich Saz spiele,
um dich zu wecken.

Die Worte
"Meine Seher,
unser Kaffee ist fertig,
komm, lass uns trinken!"
werden in deinen Ohren klingen.
Du wirst immer
morgens an mich denken, Liebling.

Nachts wirst du nicht schlafen können,
morgens wirst du deinen Kaffee
selber machen.

Ich weiß,
du wirst mit mir sprechen wollen.
Und du wirst ein Buch suchen.

Natürlich wird es mein Buch sein!
Die Gedichte,
die ich für dich schrieb,
wirst du vielleicht
zum tausendsten Mal lesen,
als würdest du mit mir sprechen.

Du hast Recht.
Meine Stimme ist im Gedicht verborgen.
Indem du liest,
wirst du sie hören.
Mit meiner Stimme
und meinem Gedicht
bin ich bei dir.
Ich verspreche dir,
du wirst nicht alleine sein.

KAPI GICIRTISI

Şu bahçenin kapı gıcırtısı
Ne kadar gıcık geliyor kulaklarıma;
Gün olacak, ne kadar güzel gelecek.
İnsan yaşlandıkça
Dostları da azalır;
Rüzgar esintisini dost sesine,
Yağmur şapırtısını ayak sesine benzetir...
Pencerelere koşar,
Çıkar kapılara, karanlık,
Kapalı...
Sonra yalnızlığın sıkıntısı
Alnında ter olur damlar;
Ağlayamaz.
Bakınır etrafına kırk yıllık eşi,
Şükreder bu günlere.
Gün gelir, o da gider,
Kalır tek başına.
Kendini Tanrıya benzetir;
Korkar yalnızlıktan,
Bir şeyler yaratmak ister.
Bakar durur aynalara ve der kendi kendine:
"Toprağa girmen yeter be Adem oğlu!"
Kendini toprağa benzetir.

Yoksulluk
Hiç bir şey değil;
Zamanla alışılıyor.
Yalnızlıktır,
Boynumu büken.

DAS KNARREN DER TÜRE

Das Knarren des Gartentors
klingt so grauenhaft.
Doch eines Tages
wird es Musik in meinen Ohren sein.
Je älter der Mensch wird,
umso mehr verliert er auch Freunde.
Den pfeifenden Wind verwechselt er
mit den Stimmen der Freunde
und den trommelnden Regen
mit Schritten...
Er rennt ans Fenster,
öffnet die Türen,
Dunkelheit.
Wie eingesperrt!
Danach tropft die bedrückende Einsamkeit
wie Schweiß von seiner Stirn...
Aber er kann nicht weinen.
Er sieht seine Frau
und dankt Gott für diese Tage.
Aber wenn auch sie fort wäre eines Tages,
bliebe er ganz allein.
Ob Gott sich ebenso gefürchtet hat
vor Einsamkeit?
Hat er deshalb die Welt erschaffen?
Er blickt ständig in den Spiegel
und wiederholt:
"Du musst doch nur sterben,
oh Nachkomme Adams,
zum Staub zurückkehren,
aus dem du gemacht worden bist."

Die Armut
ist nichts.
Mit der Zeit gewöhnt man sich daran.
Es ist die Einsamkeit,
die mir zu schaffen macht.

KAHVE

Bak sen
şu kahvenin ak yüzüne.

Kırk yıl hatır sayarmış.

Biz insanlarsa ,
kırk yıllık dostu
kırıveririz bir anda.

Kahve taneleri gibi
Çekerler bizi...

DER KAFFEE

Sieh dir doch nur
diesen Kaffee an.

Vierzig Jahre lang schätze er einen Menschen
sagt man.

Doch wir Menschen
können eine vierzigjährige Freundschaft
auf einmal beenden.

Wie Kaffeebohnen
werden wir zermahlen...

BİZİM TABLO

Bugün evde yokuz,
bizi aramayın!
Neredeyiz sormayın.

Elbette başbaşayız... Seher ve ben
Otuz Yıl öncesini yaşıyoruz,
Öyle mutlu bir dünyamız,
iki de çocuğumuz;
başka da birşey istemiyoruz...

Dünyamız, çocuklarımız
ve biz,
çok, çok, çok mutluyuz...

SUCHT UNS NİCHT!

Heute sind wir nicht zuhause,
sucht nicht nach uns,
fragt nicht, wo wir sind!

Gewiss nur wir beide, Seher und ich...
wie schon vor dreißig Jahren.
Wir haben so eine glückliche Welt
und zwei Kinder.
Mehr wollen wir auch gar nicht haben...

Unsere Welt, unsere Kinder – und wir;
wir sind sehr, sehr, sehr glücklich...

YAŞLI İNSAN

Yaşlı insanın
sığmadı başına kitapları.
O yarattı Tanrıyı...
O yarattı kitapları...
İsadır,
Musadır,
Muhammettir
Çocukları.
Başı volkan,
tutamaz içinde ateşleri.
Milyonlarca yıl yaşamış,
o yaratmış Tanrıyı,
o yazmış kitapları...!

DER ALTE MANN

Der alte Mann
akzeptierte die Bücher nicht.
Er schuf den Gott,
er schrieb die Bücher...

Jesus
und Mohammed
sind seine Kinder,
sein Haupt ist ein Vulkan,
der sein inneres Feuer nicht beherrschen kann.

Millionen von Jahren hat er gelebt,
er schuf den Gott,
er schrieb die Bücher...!

BİR BİLSENİZ

Bir bilseniz
ben nerdeyim,

yer çim,
gök ağaç,

Kuşların sesindeyim.
Kanat kanat
çırpınışlar,
seke seke
koşuşmalar,

sıla dışı bir yerdeyim.

Çubuklarım
ağaç oldu,
ağaçlarım
çiçek meyve,

omuzdan omuza
bıyıklardayım.

Bir hayli
yol aldık,
gün gördük
bir hayli,

koca kütükler olduk,
sakalın göbeğe
düştüğü yerdeyim...

WENN IHR NUR WÜSSTET!
Wenn Ihr nur wüsstet,
wo ich bin...

Im Boden, im Gras,
am Himmel, im Baum,
im Gezwitscher der Vögel bin ich.

Im Flattern der Flügel,
Im Springen, im Rennen,
fern von meiner Heimat bin ich.
Meine Zweige
gediehen zu Bäumen,
meine Bäume zu Blüte und Frucht.

Von Schulter zu Schulter,
in den Schnurrbärten bin ich.

Einen langen Weg
legten wir zurück
vieles erlebten wir.

Zu großen Baumstümpfen wurden wir...
In den langen Bärten bin ich...

AKDENİZ ÇİÇEĞİ

Bir gül,
    tek bir gül,
  anlatır aşkımızı...
    Pembe bir gül.

Gül pembe,
    Dudak pembe,
  yanaklar kırmızı...

  Ben çekindim senden,
sana veremedim gülünü;
      sense çekindin çocuklardan,
uzatamadın
    gülfidana elini.
Aramızda kalakaldı gülümüz...

Oysa,
öylesine çocuktuk ki ikimiz;
    yüreğimiz
heyecan içinde tir- tir titriyor.
Ellerimiz,
  o an değse birbirine,
fırtınalar kopacak Akdeniz'de...
Değmedi
    O günün ateşi,
      hala durur
      Avuçlarımızda...

BLUME DES MITTELMEERS

Eine Rose,
eine einzige Rose,
erzählt unsere Liebe —
eine rosane Rose...

Rosa die Rose,
rosa die Lippen,
rot die Wangen...

Ich zierte mich vor dir,
konnte dir deine Rose nicht geben;
du aber ziertest dich vor den Kindern
und konntest die Rose nicht nehmen.
So blieb unsere Rose zwischen uns...

Jedoch,
waren wir beide so kindlich,
unsere Herzen
zitterten vor lauter Aufregung,
unsere Hände,
hätten sie sich in diesem Augenblick berührt,
hätten den Sturm entfacht im Mittelmeer...

Sie berührten sich nicht.
Doch das Feuer jenes Tages
brennt immer noch
in unseren Händen...

SEHER'İN GÖZLERİ

Gülüm, gülüm...

Güzel insanın güzel bakar gözleri.

Gülüm, gülüm...
Gözlerin baktıkça, bana ne acı gelir,
　ne ölüm

Gülüm, gülüm
　Senin gözlerin öğretti bana
　　insanları karşılıksız ve
　　　çocukları bir Tanrı sevgisi ile sevmeyi.

Gülüm, gülüm...

　　Beni buraya getiren
senin erişilmez gönlün ve hoşgörün.

Şöyle bir düşün;
yüzündeki nur,
　yüreğindeki sevgi olmasa,
　ben şair olabilir miydim
sanıyorsun?

　Bak bahçemizde güller
　　katmer katmer açılmış.
Gülüyorlar...
　Sen gülmesen, güller
　açarmıydı sanıyorsun?

Gülüm, gülüm...

Yüreğim, senin için ektiğim
elvan çeşit çiçeklerle dolu.
Senin gülüşünden başka
bahar tanımaz.
Ne zaman gülsen,
açıp taşacaklar.

Her gün cıvıltısı ile uyandığımız kuşlar
ve Tanrının lutfu ile
kanatları bin bir renge
boyanmış kelebekler,
sevda çiçeklerimizin üzerinden
aşkımızı kıskanarak uçuşacaklar...

DIE AUGEN MEINER FRAU SEHER

Liebste...
Schön schauen die Augen
eines guten Menschen.

Liebste...
So lange du mich ansiehst,
treffen mich weder Leid noch Tod.

Liebste...
Deine Augen lehrten mich,
Menschen ohne jegliche Erwartung
und Kinder abgöttisch zu lieben.

Liebste...
Deine Gutmütigkeit und Toleranz
machten mich zu dem, was ich bin.

Überlege,
könnte ich ohne das Licht
in deinem Gesicht
und ohne die Liebe in deinem Herzen
Dichter werden?

Sieh, wie bunt die Rosen
in unserem Garten blühen.
Sie strahlen...
Glaubst du, die Rosen würden blühen
ohne dein Lächeln?

Liebste...

Mein Herz ist voll
von schönen und bunten Blumen,
die ich für dich gepflanzt habe.
Aber dein Lächeln ist ihr Frühling.
Mit deinem Lächeln
blühen sie auf.

Die Vögel, mit deren Gezwitscher wir
jeden Morgen aufwachen
und die Schmetterlinge, deren Flügel
durch Gottesgabe so farbenprächtig sind,
werden unsere Liebe beneidend,
über unsere Liebesblumen fliegen...

GARİP: ANNEMİN HIKAYESİ

Annem beni
yağmurlu bir günde doğurmuş.
Gelivermişim çırılçıplak.

Üşümeyeyim diye
bakınmış etrafına,
bir bezbelek aramış,
yok.

Uzatıvermiş elini,
Bir parça bulut almış.
Sarmış sarmalamış beni.
Ne ki bir bebeğin bedeni?
Bir damla "su"

Almış götürmüş bulutlar beni...

Kucağı boş kalan annem,
bir haykırmış Garibim, Garip diye...

Bulutlar yırtılmış sanki.

Ben ise, hala mavi ile bulutların,
Asya ile Avrupa'nın ortasında
bir yerdeyim.

Vatanımı sormayın!!!
Bulutlar mı sahiplenir beni,
mavi boşluk mu,
ben oralıyım!?!
Bildiğim birşey varsa,
sanki herkes duymuş
annemin haykırışını.
Nereye gittiysem
Bana Garip dediler...

Garip: Die Geschichte meiner Mutter

Meine Mutter
gebar mich an einem regnerischen Tag;
ich war da, splitternackt.

Damit ich nicht fror,
sah sie um sich
auf der Suche nach einem Fetzen Stoff...
Nichts!

Sie streckte ihre Hand aus,
griff eine Wolke,
wickelte mich in diese ein.
Wie groß ist schon ein Säugling?
Wie ein Tropfen Wasser...

Die Wolken nahmen mich mit
und zogen mit mir fort.

Einsam und allein
schrie meine Mutter:
"Garip, mein Garip!",
so dass es fast die Wolken auseinander riss.

Ich aber bin immer noch irgendwo,
zwischen dem Blauen und den Wolken,
zwischen Asien und Europa.

Fragt nicht nach meiner Heimat!!!
Wollen mich die Wolken,
oder will mich die blaue Leere?
Dort gehöre ich dann hin...!?!

Mir ist, als jeder
den Schrei meiner Mutter gehört hätte:
Wo ich auch hingegangen bin,
nannte man mich Garip...

OLMASA

Susuz olsa
suyumu içen,
iki gözüm
su gibi aksın,
dönüp bakarsam.

Afiyet olsun
kahvemi içene,
fincanı ters çevirip,
içindeki pisliği
sayıp dökmese.

Yüreğim meze
benimle içene,
Rakımı döküp,
yüreğimi ezmese.

Sevinirim bunları
sezersem birilerinde,
yapan kimse
eski dost olmasa...

WENN

Wenn durstig ist derjenige,
der mein Wasser trinkt,
Ehrenwort,
ich würde nichts sagen.

Mein Kaffe soll dem schmecken,
der die Tasse nicht wendet,
um aus dem Kaffeesatz zu lesen.

Gerne trinke ich mit dem,
der nicht mein Herz bricht,
und nicht meinen Raki verschüttet.

Ich freue mich
wenn ich dies bei jemandem bemerke.
Wenn derjenige
Nicht ein alter Freund ist.

BEN SİZİ ÇOK SEVİYORUM

Ben annemi çok seviyorum.
Annem beni sevgilerden almış,
Bedeninde duymuş,
bedeninde taşımış,
santim santim büyütmüş,
gram gram çoğaltmış.
Rahminde bir nokta kan.
Annem, babam ve ben.
Kafam, beynim, bedenim,
ayaklarım, ellerim
annemin karnında gelişmiş.
Acılarla doğurmuş,
sevgilerle büyütmüş.
Ben annemi çok severim.

Ben babamı çok severim.
Hep bizim için çalıştı,
akan suyumuz,
dönen değirmenimiz,
umudumuz ekmeğimiz,
biricik güvencimiz babam.
Ben babamı çok severim.

Ben öğretmenimi çok severim.
Okula başladığımda,
elimden ilk tutan.
İlk göz yaşım,
ilk sevincim,
sevgili öğretmenim,
okulum, sınıfım, teneffüssüm.
A desem annem,
B desem babam,
En büyük Atam.
Sevgili öğretmenim
Ben öğretmenimi çok severim.

Ben ustamı çok severim.
Eğilir ellerinden öperim.
Elime çekiç verdi,
önüme örs;
her şeyden ağır
demiri dövdürdü
Benim ustam beni
Bir üstün insan yaptı.
Ben ustamı çok severim

ICH LIEBE EUCH SEHR

Ich liebe meine Mutter sehr.
Meine Mutter nahm mich aus der Liebe,
spürte mich im Leibe,
trug mich im Leibe,
zog mich groß, Zentimeter für Zentimeter,
vermehrte mich Gramm für Gramm...

Ein Tropfen Blut in ihrem Leib,
meine Mutter, mein Vater und ich...
Mein Kopf, mein Gehirn, mein Leib,
meine Füße, meine Hände –
entwickelten sich im Bauch meiner Mutter.

Sie gebar mich in Schmerzen,
zog mich groß in Liebe –
ich liebe meine Mutter sehr.

Ich liebe meinen Vater sehr.
Er arbeitete immer für uns.
Unser fließendes Wasser,
unsere mahlende Mühle,
unsere Hoffnung, unser Brot,
der einzige Halt,
mein Vater!
Ich liebe meinen Vater sehr.

Ich liebe meinen Lehrer sehr.
Er half mir gleich
an meinem ersten Schultag.
meine erste Träne,
meine erste Freude,
mein geschätzter Lehrer.

Meine Schule, meine Klasse, meine Pause...
Jedes "M" meine Mutter,
jedes "V" mein Vater.
Mein größter Ahne!

Mein geschätzter Lehrer –
ich liebe meinen Lehrer sehr.

Ich liebe meinen Meister sehr.
Ich verbeuge mich vor ihm und küsse seine Hände.
Mein Meister gab mir Hammer und Amboss
und ließ mich das Eisen schmieden,
das härter als Stein
und schwerer als alles andere war.
Er machte aus mir einen ehrbaren Menschen.
Ich liebe meinen Meister sehr.

ELLERİM
Her sabah kalkar,
ellerimi öperim.
Yüzümü yıkayan,
dişlerimi fırçalayan
ellerimi.

Her sabah kalkar,
duşumu alır,
ellerimi öperim.
Beni yıkayan,
temizleyen
　ellerimi.

Ellerim ki,
tüm gün çalışan,
ekmeğimi kazanan,
suyumu veren
ellerimi...

Akşam eve dönüşümde,
ısınacağım sobayı yakan,
okuyacağım kitabı seçen,
çayımı koyan,
içkimi dolduran
ellerimi öperim.
Düzen bilen,
düşüncelerimi yazan ellerim;
siz olmasanız ben ne yapardım?...

MEİNE HÄNDE

Jeden Morgen stehe ich auf,
küsse meine Hände,
die Hände, die mein Gesicht waschen,
meine Zähne putzen.

Jeden Morgen stehe ich auf,
dusche mich, küsse meine Hände,
die Hände, die mich waschen,
mich reinigen.

Meine Hände sind es,
die den ganzen Tag arbeiten,
die mein tägliches Brot verdienen,
die mir mein Wasser geben,
meine Hände...

Abends, zuhause angekommen,
küsse ich meine Hände,
die mir den Ofen schüren,
um mich zu wärmen,
die mir ein Buch zum Lesen aussuchen,
die Hände, die mir meinen Tee,
mein Getränk einschenken.

Meine ordnungsliebenden Hände,
auch schreibt Ihr meine Gedanken nieder,
was würde ich ohne euch tun?...

ESKİSİ GİBİ

Hiç değişmedim.
Evim oldu,
Eski
Evsizliğimi yaşadım.
Bahçedeki çiçekleri
Komşularla bölüştüm,
Ekmeğimi kuşlarla,
Suyumu dostlarla
Bölüştüm.
Ben hiç değişmedim.

Sigarasının dumanını
Paylaşanlara
Yıllarca
"Dost" dedim.
Düşündüm;
Büyük dağlar
Uzun ayrılıklar
Getirir, dedim.
Yetindim.

Ama bana
Doğan günü,
Yağan yağmuru
Çok görenler oldu.
Varsın, olsun dedim.
Ben onları değişmedim,
Vara yoğa.
Suyumu kuşlarla,
Ekmeğimi onlarla
Bölüştüm.
Ama ben
Hiç değişmedim.

Yeni anlıyorum,
Küçüklüğümden beri
Oynadığım
Deli oyununu.

Her oyundan
Aldım
Boyumun ölçüsünü.
Bir şairlik kaldı;
Severim onu.
Henüz görmedim
İhanetini

WİE DAMALS

Ich habe mich nicht verändert.
Ich kaufte ein Haus,
lebte jedoch meine einstige Mittellosigkeit.
Ich teilte die Blumen im Garten mit Nachbarn,
mein Brot mit Vögeln
und mein Wasser mit Freunden.
Ich habe mich gar nicht verändert.

Die den Rauch der Zigaretten teilten,
nannte ich jahrelang "Freund".
Ich dachte:
Hohe Berge bringen Trennungen mit sich.
Ich gab mich zufrieden.

Aber es gab welche,
die mir den Tag
und den Regen
nicht gönnten.

Das macht nichts.
Ich gab sie nicht auf für Hab und Gut.
Ich teilte mein Wasser mit Vögeln,
mein Brot mit ihnen.
Doch ich habe mich gar nicht verändert.

Jetzt erst versteh ich dieses unsinnige Spiel
aus meiner Kindheit.
In jedem Spiel habe ich verloren.

Nur die Poesie blieb mir:
Ich liebe sie,
noch hat sie mich nicht verraten...

YASAM

Bugün bir şey yazamadım
üzülüyorum
düşünüyorum
düşünüyorum
düşünüyorum
birden bire aklıma geliyor
yasam diyorum
beş harfli
iki heceli
gündüzlü geceli
yaşamın içindeyiz
sevgisi çalınmış
yaşam duman
yaşam toz
en uzun yol, nefret dolu
silah, kan
ölüm dolu
ve haykırıyorum birden bire
hangi kahpenin dölü
yaşama kıyar
diyorum
yaşam küçücüğüm seni seviyorum

DAS LEBEN

Heute konnte ich nichts schreiben:
ich bin traurig,
ich überlege,
überlege,
überlege...
Auf einmal fällt es mir ein:
Es ist das Leben.

Fünf Buchstaben,
zwei Silben,
Tag und Nacht...
Es umgibt uns,
seine Liebe ist entwendet,
das Leben ist Rauch,
das Leben ist Staub.
Es ist
der längste Weg, eine Waffe,
mit Hass geladen,
voller Blut und voller Tod –
und plötzlich schreie ich aus mir heraus:
"Welcher Dreckskerl vernichtet das Leben!?"
Leben, mein Kleines, ich liebe dich...

YİĞENLERİM CİHAN VE BEYZA'YA

Siz ne güzel çocuklarsınız,
melekler sizde kalmış.
Tanrı size yüzünü vermiş,
Sizden bir şeyler almış,
Siz gelince dünyaya
Tamamlanmış dilekler.
Gönlünüzce yaşayın,
Hoş geldiniz çocuklar....

AN MEİNEN NEFFEN CİHAN
UND MEİNE NİCHTE BEYZA

Was seid ihr denn für schöne Kinder,
geblieben sind bei euch die Engel.
Gott gab euch sein Gesicht
und nahm etwas von euch.

Durch eure Geburt
gingen alle Wünsche in Erfüllung.
Genießt euer Leben!
Seid willkommen, Ihr Kinder...

TANRISAL

Önce
Ekildik,
Dişinin dişiliğine.
Sonra doğduk,
Saygı duyduk ,
Dişinin kişiliğine.

GÖTTLICH

Zuerst
gesät in das Weibliche
und in die Weiblichkeit.
Geboren,
danach geehrt,
die weibliche Persönlichkeit.

Daha
    Çok yerimiz
Kurum
    Tutar
Bu yerde

An diesem Ort

werden uns

noch weitere Teile

verrußen

YASALARA

Yasalara
yaslanmış başım,
ne yabancıyım,
ne vatandaşım.
Kimi bana
yabancı der,
kimileri de
sıladaşım.

İnsanlar susar,
konuşur yasalar.
Ben nerde
Vatandaşım?...

DEN GESETZEN

Ich lehne mich an die Gesetze,
bin weder Ausländer,
noch Staatsbürger.
Einer
nennt mich Ausländer,
ein anderer
Landsmann.

Menschen schweigen,
es reden die Gesetze.
Wo gehöre ich hin?...

PAMUK OLUR DEMIR ELLER

Gurbetçiler
Selamlaşır yabanda
Acı tutar dilleri
Sıkışır bir incelikle
Demir döven elleri...

ZU WATTE WERDEN EİSERNE HÄNDE

Landsleute
begrüßen sich in der Fremde,
verborgen ihr Schmerz,
reichen sie sich zärtlich
ihre eisenschmiedenden Hände...

KİME NE DÜŞTÜ

Birine
Bal katısı
Aşkım düştü.

Birine
Gül damlası
Sevgim.

Sana da
Sohbetim
Düştü.

Kitaplardan
Süzülmüş,

Tüm
Çıkarlardan
Arınmış,

Sohbetim
Düştü.

Zehirlere
Panzehir,

Sohbetim düştü.

GESCHENK

Die eine
erhielt meine
honigsüße Liebe,

die andere
meine rosenzarte
Zuneigung.

Du erhältst
meine Gesellschaft,
gefiltert aus Büchern,
frei vom Vorteil,
erhältst du meine Gesellschaft.

Gegengift für jedes Gift:
meine Gesellschaft.

Ben baharı böyle bilmezdim gülüm.
Esti, esti de soldurdu beni.
Ne ki bir goncanın bedeni!?
Yaz bahar ayında kışa döndürdü.

So kannte ich den Frühling nicht, Liebste.
Seine Winde ließen mich verwelken.
Was kann den schon eine Knospe aushalten?
Mein Sommer wurde zum Winter.

GELİŞİ GÜZEL GELMEDİK

Yol bir sürek,
bin süre;

süre süre
geldik dağları.

Sırtımızda
soy,
sop,
din,
boynumuzda günah,
çeke çeke geldik

bu veballeri...

EİNWANDERER

Wir kamen nicht zufällig.
Der Weg war sehr lang,
dauerte ewig,
die Berge pflügend kamen wir.

Auf unserem Rücken:
unser Ursprung,
unsere Nachkommen,
unsere Religion.

Die Sünden
in unserem Herzen verschließend,
ertrugen wir dieses Leid...

SON SİLAHA YENİLDİM

Ana, nasıl bir öğüt
verdin bana;
kim seni
hangi silahla
    vurursa,
Sen de o silahla
"vur" dedin ona.
Her silahı kullandım,
ölesiye vurdum,
vuruldum ölesiye.
Ne kimseye acıdım,
ne kimse acısın istedim.
Ama ana,
çekilen son silah
acı geldi bana.
Bağışla
benim
güzel
anam,
bir silaha (bir kalem çektim)
yoksa hırsız olacağım...

DİE LETZTE WAFFE

Mutter,
was gabst du mir für einen Rat:
Mit welcher Waffe man dich schlägt,
mit dieser schlage selbst zurück,
so sagtest du.

Jede Waffe benutzte ich,
schlug zu Tode,
wurde zu Tode geschlagen,
hatte weder Mitleid,
noch wollte ich welches erhalten.

Aber Mutter,
die letzte Waffe
traf mich hart.

Verzeih, liebste Mutter,
ich legte meine Waffe nieder,
zog dafür den Stift,
sonst würde ich zum Dieb...

ÇOCUKLUGUM

Bir elim
kalem tutmuş
yazı yazardı.
iki elim
kazma tutmuş
Toprak kazardı
Geceleri sızım sızım
nasırlarım azardı...
EVET evet
Toprağı kazar
tarlada yatardım,
yazıyı keseklerin
üzerine yazardım...
Rehberimdi bir kalem
bir gazete parçası...

MEİNE KİNDHEİT

Eine Hand von mir
hielt den Stift
und schrieb.

Meine beiden Hände
hielten den Spaten
und pflügten die Erde.

Nachts schmerzten
meine Schwielen sehr...

JA, genau:
ich pflügte die Erde
und schlief auf dem Feld,

schrieb die Schrift
auf Schollen nieder...

Ein Stift und ein Stück Zeitungspapier
waren meine Wegweiser...

ÇOCUKLAR

Aramıza, varlığımıza,
Yokluğumuza karıştılar.
Kimilerine
Kalem defter, okula;
Kimilerine
Kazma kürek, tarlaya...
Akılları erer ermez,
Başlarlar kavgaya.
Ekmek kavgası,
Sevda kavgası,
Vatan kavgası,
Sınıf kavgası,
Kavgası, kavgası, kavgası.

KİNDER

Sie sind unter uns, in unserer Existenz
und in unserem Nichts.
Die einen
gehen mit Heft und Stift in die Schule,
die anderen
gehen mit Schaufel und Spaten auf das Feld.

Kaum sind sie alt genug,
beginnen sie schon den Kampf,
den Kampf um das tägliche Brot,
den Kampf um die Liebe,
den Kampf um die Heimat,
den Kampf um die Gesellschaft,
den Kampf, den Kampf, den Kampf...

YABAN MEKTUBU

                    Yaban mektubu yaman
   yazılır.
Sözler ağlar dizelere,
dizeler sözlere.
Şöyle oturup
kağıdı dolduramazsın,
yaş dokunur gözlere,
dökülür dizelere...

BRİEFE İN DİE HEİMAT

Der Brief aus der Fremde
trägt den Schmerz in sich:
Wörter weinen um die Zeilen,
Zeilen um die Wörter.

Man kann nicht so einfach schreiben:
Tränen steigen auf
und fallen auf die Zeilen.

BİZİM BAKKAL

Ekmek kapın.
Dostun ahbabın gelir;
iki söz,
tatlı sohbet,
dayanırsın tezgaha
çok şükürlerle.
Açık kapı,
komşun gelir;
iki söz,
yüzün güler,
akşam kapar gidersin
çok şükürlerle.
Kapalıysa da kapın,
hısım akraban gelir;
bir şeyler ister,
ayak üstü,
iki söz eder,
tatlı sohbet,
gönlünü alır gider,
çekersin içini
çok şükürlerle.
Bazen de
gelmez kimseler.
Is güç dersin,
ne dostun, ne ahbabın;
unutuldun sanırsın.
Ekmek kapın,
beklersin
büyük umutlarla.

DER EIGENE LADEN

Dein Lebensunterhalt,
deine Freunde und Bekannte
kommen vorbei,
man wechselt ein paar Worte,
eine nette Unterhaltung;
du lehnst dich
an den Ladentisch
in Dankbarkeit.

Bei offener Türe,
kommt dein Nachbar vorbei,
man wechselt ein paar Worte,
du wirst glücklich.

Abends schließt du den Laden
in Dankbarkeit.

Auch wenn du geschlossen hast,
kommen Familie und Bekannte vorbei,
fragen nach etwas,
auf die Schnelle
wechselt man ein paar Worte,
eine nette Unterhaltung,
du bist erfreut,
atmest tief durch
aus Dankbarkeit.

Und manchmal
kommt niemand vorbei.
Sie sind wohl beschäftigt,

meine Freunde und Bekannte...
"Sie haben mich vergessen",
denkst du bei dir.
Dein Lebensunterhalt,
du wartest,
mit großer Hoffnung.

SARI ÖKÜZ

Yoruldu toprak,
çatladı karpuz,
ne ekmek,
ne tuz;

su istiyor
sarı öküz.

Tevek kuru,
nerde yaprak?
Ölebilir
sarı öküz.

Harman çekilecek,
tarla sürülecek,

sen çok yaşa
sarı öküz.

Çare yok ağalarda,
Hocalarda, dualarda.
Sarı öküzün
başı kuyuda,

düştü, düşecek
sarı öküz.

Sarı öküz
dile gelir:

yerin altı
çok serin,
kuyu olsa
biraz derin;
şu öküzlüğümle
su çeker içerdim.

Ağalar hayretle
bakıştşlar,
bu öküz,
bizden çok daha akıllı
dediler

DER BRAUNE OCHSE

Müde ist die Erde,
gesprungen die Melone.
Weder Brot noch Salz –
Wasser will der braune Ochse.

Ausgetrocknet ist der Baum,
wo sind seine Blätter!?
Sterben kann der braune Ochse.

Gekommen ist die Erntezeit,
gepflügt muss werden das Feld.

Gut, dass es dich gibt,
du brauner Ochse.

Doch gibt es kein Heilmittel bei den Herrschaften,
bei Geistlichen, noch in Gebeten:
Im Sterben liegt
der braune Ochse.

Sterben wird
der braune Ochse.

Plötzlich spricht
der braune Ochse:

Sehr kühl ist es
unter der Erde;
gäbe es einen tiefen Brunnen,
würde ich trotz meines Wesens als Ochse
Wasser daraus ziehen, um es zu trinken.

Erstaunt
sahen sich die Herrschaften an
und sagten:
"Dieser Ochse
ist viel klüger als wir."